AF563410

Lass uns spielen, Mama!

Let's play, Mom!

Shelley Admont

Illustriert von Biljana Serafimovska

www.kidkiddos.com

support@kidkiddos.com

First edition

Edited by Martha Robert
Translated from English by Tess Parthum
Aus dem Englischen übersetzt von Tess Parthum
German editing by Ines Hackenberg
Deutsche Nachbearbeitung von Ines Hackenberg

Library and Archives Canada Cataloguing in Publication
Let's play, Mom! (German English Bilingual Edition) / Shelley Admont
ISBN: 978-1-5259-3991-4 paperback
ISBN: 978-1-5259-3992-1 hardcover
ISBN: 978-1-5259-3990-7 eBook

Please note that the German and English versions of the story have been written to be as close as possible. However, in some cases they differ in order to accommodate nuances and fluidity of each language.

12
3
6

Meine Mama ist Wissenschaftlerin. Es ist eine sehr wichtige Arbeit. Sie ist immer sehr beschäftigt.

My mom is a scientist. It is a very important job. She is very busy.

Jeden Tag holt mich Mama von der Schule ab.

Every day, Mom picks me up from school.

„Hallo, Süße!", sagt Mama mit einem breiten Lächeln und einer Umarmung.

"Hello, sweet pea!" Mom says, with a big smile and a hug.

Ich frage immer: „Gehen wir heute in den Park?“

I always ask, “Are we going to the park today?”

Und jeden Tag lacht Mama.

And every day, Mom laughs.

Sie sagt „Ja“ und wir gehen in den großen Park an der Ecke unserer Straße. Das ist mein Lieblingsort.

She says, “Yes,” and takes me to the big park on the corner of our street. It’s my favorite place to go.

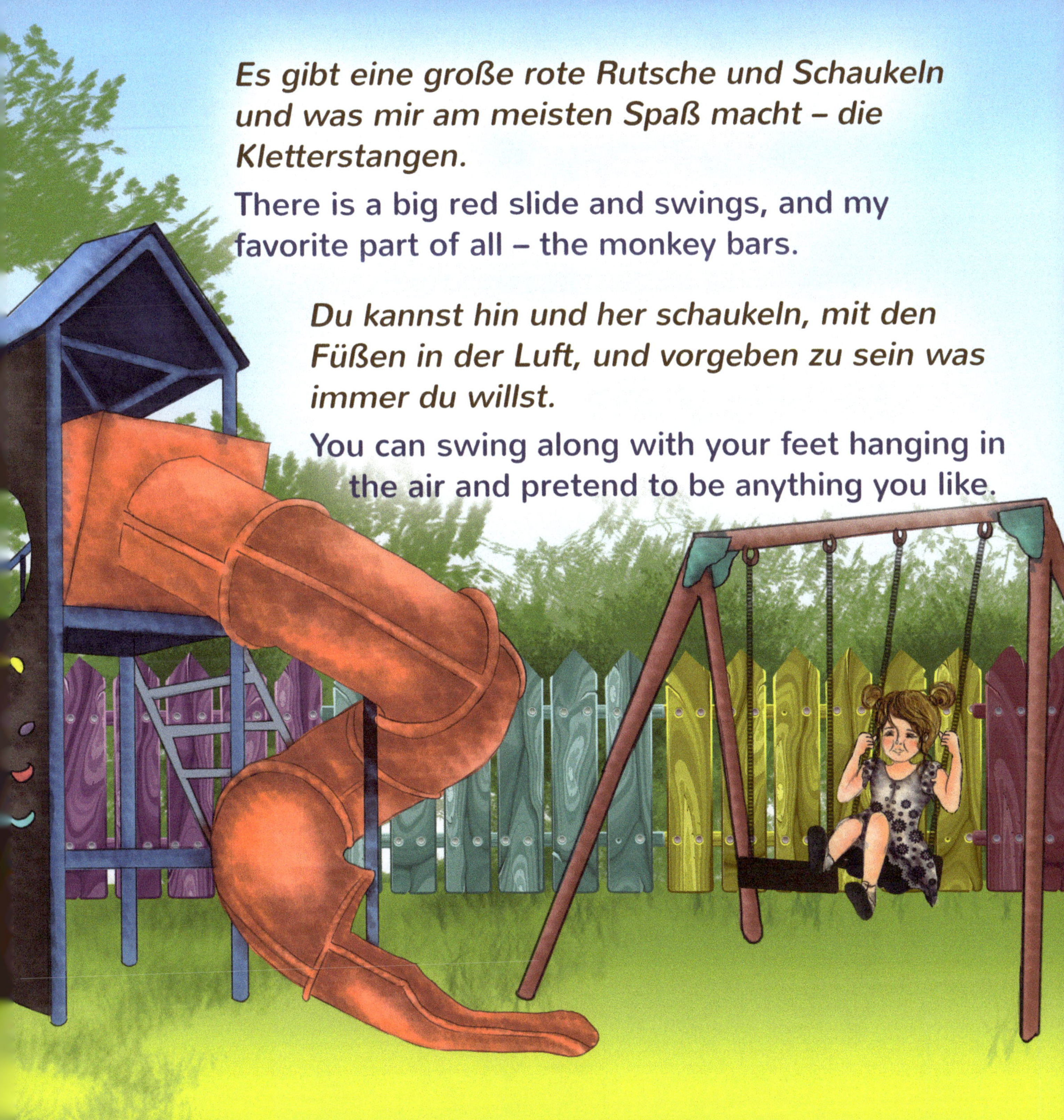

Es gibt eine große rote Rutsche und Schaukeln und was mir am meisten Spaß macht – die Kletterstangen.

There is a big red slide and swings, and my favorite part of all – the monkey bars.

Du kannst hin und her schaukeln, mit den Füßen in der Luft, und vorgeben zu sein was immer du willst.

You can swing along with your feet hanging in the air and pretend to be anything you like.

An manchen Tagen bin ich ein Pirat und schwinge mich um den Mast meines eigenen großen Piratenschiffes.

Some days, I am a pirate swinging through the mast of my own big pirate ship.

An anderen Tagen bin ich eine Entdeckerin. An diesen Tagen muss ich den ganzen Spielplatz überqueren, ohne dabei in den Fluss zu fallen, der in meiner Fantasie darunter ist.

Other days, I am an explorer. On those days, I have to cross the whole playground without falling into the river that I imagine is below.

Aber Mama macht nie mit bei meinen Spielen. Weil sie Wissenschaftlerin ist und viel Arbeit hat. Sie setzt sich auf die Bank und schreibt.

But Mom never joins in with my games. Because she is a scientist and has a lot of work. She sits on the bench and types.

„Mama", frage ich, „kommst du spielen?"

"Mom," I ask, "will you come and play?"

Mama schaut vom Laptop auf. „Tut mir leid, Süße. Ich muss noch ein wenig arbeiten."

Mom looks up from the laptop. "Sorry, sweet pea. I've got to do some more work."

Nach der Schule am nächsten Tag ist irgendetwas anders.

After school the next day, something is a little different.

Als sie sagt: „Hallo, Süße!", ist ihr Lächeln nicht so strahlend.

When she says, "Hello, sweet pea!" her smile is not so big.

Als ich frage: „Gehen wir heute in den Park?", sagt sie: „Ja", aber sie lacht nicht.

When I ask, "Are we going to the park today?" she says, "Yes," but she doesn't laugh.

Ich gehe auf den Spielplatz und meine Mama setzt sich auf die Bank.

I go to the playground and my Mom sits down on the bench.

Ich habe eine Idee. Spielen macht mich glücklich, also sollte es auch Mama glücklich machen.

I have an idea. Playing makes me happy, so it should make Mom happy as well.

„Komm und spiel mit mir, Mama!", sage ich.

"Come and play with me, Mom!" I say.

„Ich kann nicht, Süße. Ich würde wahrscheinlich sowieso von diesem Ding fallen", sagt Mama mit einem traurigen Lächeln.

"I can't, sweet pea. I would probably fall off that thing anyway," says Mom, with a sad smile.

„Ich werde es dir beibringen, Mama! Es macht Spaß!"

"I'll teach you, Mom! It's fun!"

Mama seufzt. Sie legt ihren Laptop hin und kommt zu mir rüber.

Mom sighs. She puts down her laptop and comes over to me.

„Also los, Süße!", sagt sie. „Zeig es mir."

"Come on then, sweet pea," she says. "Show me."

Als sie die Leiter hinaufklettert, beginnt sie wieder zu lächeln.

When she climbs up the ladder, she starts to smile again.

Ich bringe ihr bei, wie man von einer Stange zur nächsten schwingt. Ich zeige ihr, wie man sich an den Stangen festhält.

I teach her how to swing from one bar to the other. I show her how to hold the bars.

Wenn sie es falsch macht, sage ich: „Nein, Mama, so!", und sie lächelt. Es ist ein breites Lächeln.

When she does it wrong, I say, "No, Mom, like this!" and she smiles. It's a big smile.

Bald schwingen Mama und ich beide herum.

Soon, Mom and I are both swinging around.

„Lass uns so tun, als wären wir echte Affen in einem Wald!", sage ich. „Schau mal, ich esse eine Banane!"

"Let's pretend we're real live monkeys in a forest!" I say. "Look, I'm eating a banana!"

„Dann bin ich also ein Mami-Affe", sagt Mama schaukelnd. „Schau, kleiner Affe, ich verfolge dich!"

"I'm a mommy monkey, then," says Mom, swinging. "Look, baby monkey, I'm chasing you!"

Aber ich spiele schon länger auf diesem Spielplatz als Mama. Ich bin schneller und sie kann mich nicht fangen.

But I have been playing at this playground longer than Mom. I am faster, and she can't catch me.

Das bringt uns beide zum Lachen.

That makes us both laugh.

„Spielst du gerne, Mama?", frage ich, kopfüber hängend.

"Do you like to play, Mom?" I ask, hanging upside down.

Mama lacht: „Ja, Süße, ich spiele sehr gern!"

Mom laughs, "Yes, sweet pea, I love to play!"

Meine Mama ist jetzt wieder glücklich!

My mom is happy again now!

Wir spielen, bis es fast
Schlafenszeit ist. Dann gehen wir
Hand in Hand nach Hause.
We play until it is nearly bedtime.
Then Mom walks me back home,
holding my hand.

„Das hat Spaß gemacht!“, sage ich. „Können wir das wieder machen?“

"That was fun!" I say. "Can we do it again?"

„Ja, natürlich können wir das“, sagt Mama.

"Yes, of course we can," says Mom.

Am nächsten Tag nach der Schule holt mich Mama wieder ab und wir gehen zum Spielplatz.

The next day, after school, Mom picks me up again and takes me to the playground.

Als wir im Park ankommen, setzt sich Mama nicht auf die Bank.

When we get to the park, Mom doesn't sit down on the bench.

„Was machst du da, Mama?", frage ich.

"What are you doing, Mom?" I ask.

„Ich werde mit dir spielen. Das macht Spaß!", sagt Mama.

"I'm going to play with you. It's fun!" says Mom.

Ich bin so glücklich! Ich wollte schon immer, dass meine Mama mit mir spielt.

I am so happy! I have always wanted my mom to play with me.

Wir spielen wieder auf dem Spielplatz. Meine Mama hat viele gute Ideen für Spiele. So macht das Spielen noch mehr Spaß!

We play at the playground again. My mom has lots of good ideas for games. That makes playing even better!

Und es gefällt ihr – genau so sehr wie mir!

And she likes it – just as much as I do!

www.ingramcontent.com/pod-product-compliance
Lightning Source LLC
LaVergne TN
LVHW070301250826
846485LV00011B/66